El hipopótamo

Patricia Whitehouse

Traducción de Patricia Cano

Heinemann Library
Chicago, Illinois

Customer Service 888-454-2279
Visit our website at www.heinemannlibrary.com

Designed by Sue Emerson, Heinemann Library
Printed and bound in the United States by Lake Book Manufacturing, Inc.

07 06 05 04 03
10 9 8 7 6 5 4 3 2 1

Library of Congress Cataloging-in-Publication Data
Whitehouse, Patricia, 1958-
 [Hippopotamus. Spanish]
 El hipopótamo / Patricia Whitehouse ; traducción de Patricia Cano.
 p. cm.--(Animales del zoológico)
Summary: An introduction to hippos, including their size, diet and everyday behavior,
which highlights differences between those in the wild and those living in a zoo habitat.
 ISBN 1-40340-406-2 (HC), 1-40340-654-5 (Pbk.)
 1. Hippopotamidae--Juvenile literature. [1. Hippopotamus. 2. Zoo animals. 3. Spanish
language materials.] I. Title.
QL737.U57 W5518 2002
599.63' 5--dc21

                                                                    2002068862

Acknowledgments
The author and publishers are grateful to the following for permission to reproduce copyright material:
Title page, p. 11 James P. Rowan/DRK Photo; pp. 4, 20 M. Harvey/DRK Photo; p. 5 Morton Beebe/Corbis; pp. 6, 22, 24
Chicago Zoological Society/The Brookfield Zoo; p. 7T Tom & Pat Leeson/DRK Photo; p. 7B Erwin & Peggy Bauer/Bruce
Coleman Inc.; p. 8 Joe McDonald/Visuals Unlimited; p. 9 Stephen J. Krasemann/DRK Photo; p. 10 Wolfgang
Kaehler/Corbis; p. 12 Kennan Ward/Corbis; p. 13 Jo Prater/Visuals Unlimited; p. 14 G. L. E./Visuals Unlimited; p. 15 Peter
& Beverly Pickford/Visuals Unlimited; p. 16 ABPL/M. Harvey/Animals Animals/Earth Science; p. 17 OSF/Alan Root/Animals
Animals/Earth Science; p. 18 Barbara Cushman Rowell/DRK Photos; p. 19 Darrell Gulin/DRK Photo; p. 21T Chicago
Zoological Society/The Brookfield Zoo; p. 21B Tom Brakefield/Corbis; p. 23 (T-B) Joe McDonald/ Visuals Unlimited,
Chicago Zoological Society/The Brookfield Zoo, Jim Schulz/Chicago Zoological Society/The Brookfield Zoo/Heinemann
Library, Corbis; back cover (L-R) Morton Beebe/Corbis, Chicago Zoological Society/The Brookfield Zoo

Cover photograph by Chicago Zoological Society/The Brookfield Zoo
Photo research by Bill Broyles

Every effort has been made to contact copyright holders of any material reproduced in this book.
Any omissions will be rectified in subsequent printings if notice is given to the publisher.

Special thanks to our bilingual advisory panel for their help in the preparation of this book:

Anita R. Constantino
Literacy Specialist
Irving Independent School District
Irving, Texas

Argentina Palacios
Docent
Bronx Zoo
New York, NY

Ursula Sexton
Researcher, WestEd
San Ramon, CA

Aurora Colón García
Literacy Specialist
Northside Independent School District
San Antonio, TX

Leah Radinsky
Bilingual Teacher
Inter-American Magnet School
Chicago, IL

We would also like to thank Lee Haines, Assistant Director of Marketing and Public Relations at the Brookfield Zoo
in Brookfield, Illinois, for his review of this book.

Unas palabras están en negrita, **así**.
Las encontrarás en el glosario en fotos de la página 23.

Contenido

¿Qué es el hipopótamo?

El hipopótamo es un **mamífero.**

Los mamíferos tienen el cuerpo cubierto de pelo o pelaje.

Podemos ver hipopótamos
en el zoológico.

¿Cómo es el hipopótamo?

El hipopótamo es un animal de cuerpo grande y patas cortas.

La piel es gris oscura.

Casi todos los hipopótamos son tan grandes como un carro.

Unos hipopótamos sólo son tan grandes como una mesa.

¿Cómo es la cría del hipopótamo?

La cría del hipopótamo se parece a sus padres, pero es más pequeña.

Las crías del hipopótamo se llaman **cachorros.**

Los cachorros son rosados.

Cuando crecen se vuelven grises.

¿Dónde vive el hipopótamo?

En su ambiente natural, el hipopótamo vive en ríos y lagos.

Vive en lugares donde hace calor todo el año.

En el zoológico, el hipopótamo vive en un **recinto**.

El recinto tiene estanques con agua.

¿Qué come el hipopótamo?

En su ambiente natural, el hipopótamo come pasto.

Corta el pasto con sus fuertes labios.

En el zoológico, el hipopótamo
come pasto y **heno.**

También come manzanas
y zanahorias.

¿Qué hace todo el día?

El hipopótamo pasa casi todo el día durmiendo.

Duerme en el agua o en la tierra.

El hipopótamo flota en el agua.

Flota con parte de la cabeza fuera del agua.

¿Qué hace el hipopótamo de noche?

El hipopótamo despierta de noche y come.

Sale del agua y busca pasto.

También camina por el fondo
de los ríos.

Come plantas que crecen bajo
el agua.

¿Qué sonido hace el hipopótamo?

El hipopótamo hace un gruñido.

El gruñido es fuerte y se oye desde lejos.

Los hipopótamos se gruñen unos
a otros bajo el agua.

¿Qué tiene de especial el hipopótamo?

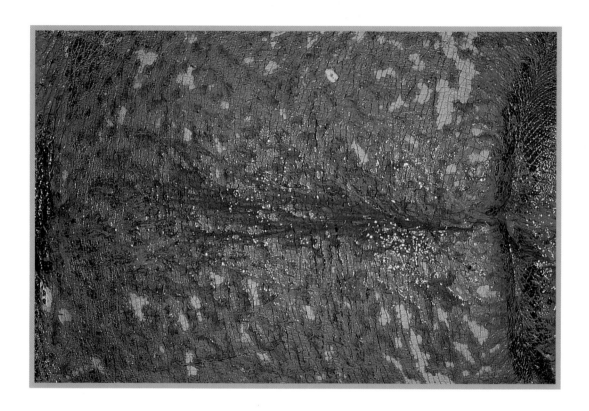

El hipopótamo se puede quemar con el sol.

La piel tiene un aceite rojo para protegerla del sol.

El hipopótamo puede abrir mucho
la boca.

Corre rápido en la tierra.

Prueba

¿Recuerdas cómo se llaman estas partes del hipopótamo?

Busca las respuestas en la página 24.

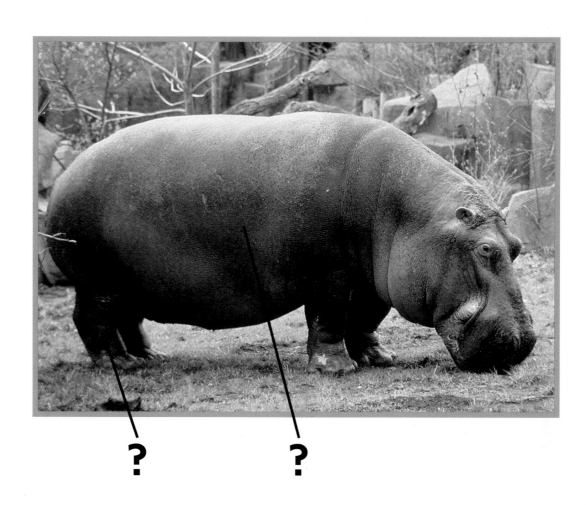

? ?

Glosario en fotos

cachorro
páginas 8, 9

recinto
página 11

heno
página 13

mamífero
página 4

Nota a padres y maestros

Leer para buscar información es un aspecto importante del desarrollo de la lectoescritura. El aprendizaje empieza con una pregunta. Si usted alienta las preguntas de los niños sobre el mundo que los rodea, los ayudará a verse como investigadores. En este libro, se identifica al animal como un mamífero. Por definición, los mamíferos tienen pelo o pelaje y producen leche para alimentar a sus crías. El símbolo de mamífero en el glosario en fotos es una perra amamantando sus cachorros. Comente que, fuera del perro, hay muchos otros mamíferos, entre ellos el ser humano.

Índice

Respuestas de la página 22

patas   piel